PAYSAGE D'ISLANDE. RÉGION DES GEYSERS.

L'ISLANDE

I

Vers 861, s'il faut en croire les Sagas, un Norvégien, pirate sans doute, Nadoddr, écumant l'Atlantique, entre les Shetlands et les Fœroë, fut poussé par une tempête au nord-ouest de ces dernières et jeté sur la côte orientale d'une île déserte et couverte de neiges. Il la nomma, pour cette raison, *Snoland*. N'y trouvant rien à piller, il reprit la mer. Un Suédois, Gardar, y atterrit trois ans après, navigua vers la côte septentrionale, y débarqua et y bâtit une maison dans laquelle il hiverna. L'été suivant, il revint en Suède et raconta ce qu'il avait vu dans Gardarsholm (l'île de Gardar). Ses récits, transmis de bouche en bouche, arrivèrent aux oreilles d'un autre pirate norvégien, Floki ou Flake, qui, en 865, entreprit de s'établir dans cette île. Mais ayant perdu son bétail, faute de fourrage, et voyant la glace envahir partout les fjords, il renonça bientôt à son idée. La découverte de la Terre de Glace (Islande) coïncidait avec les événements qui, sous le règne d'Harald Haarfagr (Harald à la belle chevelure), en Norvège, déterminèrent l'unité de ce royaume. A la suite de la bataille de Hafersfjord (872), où les derniers chefs norvégiens indépendants furent vaincus après deux années de combats, il y eut un exode général des mécontents qui, au lieu de se soumettre au vainqueur, considéré comme un tyran, allèrent chercher un abri en Angleterre, en France et dans les archipels avoisinants, Orcades, Hébrides, Shetlands, Fœroë. Quelques-uns, conduits par Ingolfr et son cousin Leifr, se fixèrent en Islande, et la colonie qu'ils fondèrent fut assez rapidement prospère, puisque pendant plus de soixante ans elle s'accrut des affluents incessants fournis par la population norvégienne émigrant en masse. Contrairement à ce qu'avaient pensé Nadoddr et Gardar, l'île avait été habitée avant la première visite des Normands par des hommes de l'Occident connus sous le nom de Papæ et qui étaient des chrétiens venus probablement d'Écosse et d'Irlande, peut-être des pêcheurs, peut-être aussi, — suivant d'autres versions, — des moines ascètes réfugiés là pour prier en paix. Il y eut un conflit entre les Papæ et les compagnons d'Ingolfr et de Leifr. Ce dernier fut massacré, mais son cousin vengea sa mort en tuant les meurtriers.

Les Vikings norvégiens se partagèrent entre eux les immenses étendues de terre de l'Islande, chaque famille s'efforçant d'obtenir par la ruse ou la force le meilleur lot : d'où querelles et batailles. Lorsque ces différends furent apaisés, les nouveaux arrivants ne purent se faire place qu'au nom du droit du plus fort, et l'anarchie continua avec d'autant plus de persistance que l'île était morcelée en petites républiques entièrement séparatistes régies par leurs *things* (parlements) qui étaient toujours en guerre. Cette situation ne pouvait avoir qu'une issue fatale, si une entente entre les chefs des *things* n'y mettait fin. Un homme, du nom d'Ulfljot, parvint, au commencement du X° siècle, à donner un lien aux différentes républiques, qui adoptèrent le code de ce Lycurgue et consentirent à déléguer la souveraineté de l'île à une assemblée générale, *Althing*, dans laquelle chaque petit gouvernement particulier serait représenté. L'Althing se réunit pour la première fois à Thingvalla et élut un président, *logsogumadr*, dont les pouvoirs étaient limités.

Le code d'Ulfljot divisa l'île en quatre provinces, subdivisées à leur tour en districts, et ceux-ci en sections (*hrepps*). Les magistrats (*godar*, *hofgodar*), chargés d'administrer ces divisions et subdivisions, constituaient une aristocratie dont les ambitions provoquèrent des discordes, les rivalités des chefs formant des factions qui ne connaissaient de loi décisive que la suprématie du sabre.

Les rois de Norvège n'attendaient que l'occasion de profiter de ces dissentiments qui minaient le petit Etat islandais. Ils trouvèrent un auxiliaire dans Snorre Sturleson, devenu, par sa naissance et ses alliances, par ses talents d'orateur, de poëte et d'historien, le plus influent des *logsogumadr* de l'Islande. D'accord avec le roi Hakon, il prépara tout pour ruiner l'autonomie politique de son pays. Ce complot fut déjoué, en 1241, par le propre gendre du roi ; il fit assassiner Hakon ; mais l'indépendance des Islandais ne dura plus que jusqu'en 1264, et, à cette date, l'annexion de l'île à la couronne de Norvège fut consommée.

Alors commence l'histoire moderne de l'Islande, période beaucoup moins intéressante que la précédente, parce que les destinées de cette population si virile sont désormais subordonnées à l'évolution de celle des puissances scandinaves qui y exerce l'hégémonie.

Hakon V, de Norvège, ne posséda celle-ci qu'à la condition de respecter les anciennes institutions locales, et principalement l'Althing. Grâce à cette concession, les rois norvégiens purent jouir relativement en paix de leur conquête, durant un peu plus d'un siècle, jusqu'en 1381. L'Islande échut ensuite au Danemark, qui l'aurait vendue à l'Angleterre, si Christian II n'avait perdu son trône.

Christian III convertit l'île à la doctrine luthérienne, imposée de vive force, mais cette réforme religieuse ne ranima point le flambeau éteint par la perte de la liberté. Les Islandais se souvenaient, grâce à leurs traditions, des temps déjà lointains de leur prospérité qu'ils ne pouvaient recouvrer. Ils avaient eu, d'ailleurs, cruellement à souffrir de la peste qui les décima en 1402, et, à plusieurs reprises, de la famine et des érup-

GEYSERS EN ACTIVITÉ.

tions volcaniques qui enlevèrent une grande partie de la population. Occupés exclusivement des deux guerres qui remplirent tout leur règne, Frédéric II et Christian IV, puis, après eux, Frédéric III, Christian V, Frédéric IV restèrent indifférents au sort de leur possession islandaise. Aussi fut-elle impunément pillée par les corsaires français, anglais, algériens, qui emmenaient en captivité ceux des habitants qu'ils n'avaient pas massacrés.

A ces calamités, se joignirent ou succédèrent les épidémies qui firent des milliers de victimes, les nouvelles éruptions qui en augmentèrent le nombre dans des proportions effrayantes.

Tous les maux s'abattaient en même temps sur cette malheureuse île Et ce ne fut pas tout. Les marchands danois l'affamaient. Maîtres absolus du monopole du commerce, non seulement ils tenaient les Islandais à leur merci, mais ils s'abstenaient, par système, de les approvisionner, en sorte que tout le monde était exposé à mourir de faim si les accapareurs n'expédiaient pas les vivres en temps utile. On en eut la preuve, au commencement de notre siècle, quand, au cours de la guerre faite par les Anglais au Danemark, l'Islande, privée de communication avec la métropole, se trouva du même coup dénuée de toutes ressources et dut faire appel à la générosité de l'ennemi, qui la secourut en y envoyant du blé. Les détails fournis par les historiens sur la misère islandaise au XVIIIe et au XIXe siècles sont navrants. De 1700 à 1800, il y eut dans l'île 43 années de mauvaise récolte et 18 ans de disette, sans compter les ravages de la petite vérole, à laquelle 17,000 personnes succombèrent en 1707. La mortalité ne fut pas moins considérable à partir de 1800, et l'on cite encore aujourd'hui 1824, 1825, 1826 comme des époques de deuil dont aucun autre pays ne présente un exemple aussi lamentable.

L'île, quoique politiquement soumise aux lois danoises, était en réalité laissée sans protection par elles. A Copenhague, il semblait qu'elle n'existât point. Cette incurie explique comment il fut possible un jour à un aventurier de la conquérir. C'était en 1809. Un matelot danois, Jorgen Jorgenson, qui avait déserté pour passer dans la flotte anglaise, en lutte alors avec celle du Danemark, put armer un navire marchand naviguant sous pavillon britannique; il débarqua sans obstacle à Reikiavik, capitale de l'Islande, s'empara de la personne du gouverneur, s'installa à la place de ce dernier, et proclama l'indépendance de l'île en arborant un drapeau portant trois stockfishs blancs sur fond d'azur. Il ne fut pas inquiété pendant quelques mois, quoique son armée ne se composât que de six hommes.

En août 1809, au moment où une conspiration organisée contre lui allait éclater, un navire de guerre danois parut devant Reikiavik. Jorgenson dut se rendre et fut envoyé en Danemark, où il subit la peine des travaux forcés, comme un vulgaire criminel.

Ces quelques mois de dictature furent la seule manifestation de révolte de la population qui s'était pacifiquement ralliée à celui qu'elle avait pris pour le libérateur, de même qu'elle rentra pacifiquement dans l'ordre, même avant la première injonction des Danois. L'Islandais a, en effet, le caractère doux et soumis, soit qu'il comprenne l'inutilité d'une insurrection dans laquelle il serait aussitôt écrasé, soit qu'il ait, sous l'action de tant de siècles d'infortune, abdiqué tout espoir de bonheur. Pourtant, il a le culte de son passé, si florissant, et de ses rêves, si longs. On comprend, dans ces conditions, quel dut être son enthousiasme lorsque, en 1874, à l'occasion du millième anniversaire de son existence nationale, le roi Christian IX inaugura les fêtes célébrées à ce moment par un décret qui donnait à l'Islande le *self-government* tant souhaité.

« La cérémonie, dit M. Jules Leclercq, eut lieu dans la grande plaine teutonique de Thingvalla, où le peuple se trouvait assemblé et campait sous la tente, comme dans les anciens temps où l'Althing y délibérait en plein air. Il n'y manquait qu'un seul témoin, celui qui était le plus digne entre tous d'assister à cette victoire d'une cause dont il avait toute sa vie été le plus ardent champion : Jors Sigurdsson. »

La Constitution de 1874 n'est pas, à vrai dire, l'affirmation de l'autonomie islandaise par la couronne danoise. C'est plutôt l'établissement d'une sorte de dualisme qui, au-dessus du pouvoir législatif, exercé conjointement par le roi et l'Althing, attribue exclusivement le pouvoir exécutif au souverain, celui-ci gouvernant par l'intermédiaire d'un « ministre pour l'Islande ». L'Althing n'émane d'ailleurs pas uniquement de la nation, puisque sur les trente-six membres dont il se compose il y en a six nommés par le roi. En outre, ces six mandataires de la couronne forment la moitié de la Chambre haute, ayant charge de contrôle et de revision sur les lois votées par la Chambre basse ; et enfin ces lois n'ont de validité qu'autant que le roi y donne son approbation, qu'il peut refuser pendant deux ans ; après quoi, si le *veto* persiste, elles deviennent caduques ou nulles. L'Althing est, par conséquent, prisonnier de la couronne ; et, comme il ne siège que tous les deux ans, pendant six semaines, son autorité législative, entourée de tant de restrictions, est presque fictive.

II

Malgré ces lisières politiques qui, sans être aujourd'hui autant qu'autrefois des obstacles à l'expansion de l'énergie nationale, ne la favorisent cependant point dans une assez large mesure, l'Islande, appuyée sur la vitalité de son peuple, a réalisé quelques progrès, accusés principalement dans sa littérature. Sans doute, celle-ci n'a plus l'éclat de ces temps où elle initiait la Suède et la Norvège à la langue et aux idées, quand ses poètes célébraient dans les *Eddas* les tragiques aventures des dieux Baldour, Odin et Thor, ou des héros immortalisés par les Sagas épiques, les Helgi, les Sigurd, les Brynhilde, les Goudroun, les Gunnar ; quand les Scaldes, héros eux-mêmes et compagnons des héroïques Vikings, chantaient les exploits de ceux qui vinrent habiter la Terre de Glace pour s'affranchir de la tyrannie norvégienne.

Mais ces gloires du passé, dont les œuvres des historiens Thorgilsson, Snorre Sturleson, tant d'autres, restèrent les gardiennes, se reflètent encore maintenant dans la poésie populaire, qui a traversé les siècles sans tarir. L'Islande de jadis se retrouve dans ce genre si scandinave des contes où vibre l'âme du peuple, évoquée par de pieux interprètes : tel Arnason, l'Anderson islandais. Elle reparait dans ces vers satiriques (*Skammavisur*), que des Homère, tel le mendiant Hjalmar Jonsson, apprennent aux villages qu'ils parcourent, la besace au dos ; elle revit enfin dans ce folklore si curieux inspirant toute une pléiade d'écrivains de talent, pendant que des romanciers, déjà nombreux, psychologues ou réalistes, décrivent la vie et les luttes sociales de ce petit monde insulaire résistant, avec une admirable puissance de volonté, à toutes les adversités et les fatalités, inclémence du climat, convulsions géologiques, isolement intellectuel, éléments multiples de décadence. « Le peuple islandais, écrivait il y a quinze ans Jules Leclercq, semble un peuple du XII° siècle : il ignore le mouvement contemporain, ne connait point les inventions modernes, n'est ni capitaliste ni agriculteur, vit exactement de la même façon que vivaient les Normands du moyen âge, et forme un si complet anachronisme au milieu de notre époque, qu'il ne saurait, dans sa condition actuelle, entrer en lice dans l'arène de la civilisation européenne. »

Rien n'est plus vrai, mais ce peuple pense et réfléchit ; il s'instruit, il lit et médite. Si, comme le fait remarquer justement l'éminent observateur que nous venons de citer, il est un des plus arriérés du monde en fait de notions pratiques, il ne le cède pas aux plus avancés en fait de culture de l'intelligence. « On ne trouverait pas, dans toute l'étendue de l'île, un enfant de quinze ans qui ne sache pas lire les Sagas », et l'Université de Reikiavik, quoique de fondation récente, est un cénacle de savants. Le peuple possède donc virtuellement tout ce qui peut lui donner l'essor. Pourquoi n'est-il pas sollicité par ses intérêts matériels ? Pourquoi n'applique-t-il pas d'une manière plus pratique ses ressources économiques, qui sont grandes, puisque nulle contrée n'est aussi riche en moulins proportionnellement au chiffre de la population, puisque les pêcheries islandaises sont si productives que d'autres (Français, Norvégiens, Anglais) font chaque année d'immenses récoltes dans ses eaux, et puisque ses productions minérales, spath, borax, fer, soufre, n'y attendent que l'intervention des capitaux ? Pourquoi cette inertie et cette torpeur en présence de tant de biens utilisables et avec ce magnifique levier qu'est l'instruction ? Problème qui paraît inexplicable et même paradoxal, si l'on ne se souvenait de la sujétion commerciale à laquelle l'Islande demeure soumise depuis plus d'un siècle. Emancipée en apparence par la Constitution de 1874, elle reste, en fait, tributaire des gros négociants danois qui conservent chez elle leur monopole ; et elle ne peut se soustraire à ce joug économique, parce que les moyens d'action personnelle lui sont enlevés. Les Islandais savent fort bien qu'ils devraient créer des voies de communication intérieure et en améliorer successivement le réseau dans toute l'île ; mais pour commencer ces travaux et les poursuivre, ils n'ont pas d'argent, le plus fortuné du pays n'ayant pas 7,500 francs de rente, et des charges, qui vont s'alourdissant, pesant sur chaque contribuable. Ils ne sont, quoiqu'on les en accuse, ni dominés par la mélancolie ni dépourvus d'initiative, mais ils ont les bras liés, et les Danois, qui pourraient rompre ces entraves, ne le font point, par esprit de spéculation.

Le jour où un autre Jors Sigurdsson suscitera leurs courages, ils répondront à l'appel et marcheront avec assurance dans la voie des entreprises industrielles, en donnant à leur industrie un outillage moins primitif, en jetant des ponts sur leurs rivières, en construisant partout des routes. Ce qu'il leur faut pour cela, ce n'est point l'intervention gouvernementale de Copenhague, ni celle de l'Althing, c'est la reconnaissance sincère de ce droit qui leur est encore dénié et qui est le seul fécond : *être soi-même.*

Charles SIMOND.

RÉGION MÉRIDIONALE DES GEYSERS.

LA VALLÉE DES GEYSERS [1]

I

C'est à Thingvalla que je me séparai des Anglais avec qui j'avais mené la vie commune depuis que je m'étais embarqué sur le *Valdemar*. Ils allaient, eux, reprendre le chemin de Reykjavik et se rembarquer pour leur pays, tandis que j'allais m'enfoncer seul avec Johannes au cœur de cette Islande qui me fascinait de plus en plus. Je ne sais si mes nouveaux amis éprouvèrent ce que je ressentis en les quittant; mais c'est toujours pour moi un moment pénible que celui où je dis adieu à de gais compagnons que les hasards du voyage m'ont fait rencontrer et que je ne reverrai probablement plus jamais.

Je me remis en route par un temps superbe. C'était la première fois que je jouissais d'une agréable température depuis mon arrivée en Islande. L'air était parfaitement calme, et je pus pour la première fois aussi allumer ma cigarette à cheval sans le secours du briquet; rien n'est plus exceptionnel dans ce pays constamment balayé par les vents.

Ce n'est qu'en quittant la vallée de Thingvalla qu'on se rend compte de son étendue; pendant plus de deux heures on contourne le lac, et l'on ne peut détacher les yeux de cette belle nappe bleue, enchâssée dans sa bordure de lave, et dominée par la longue muraille verticale de l'Almannagjá, du haut de laquelle l'Oxará s'élance blanche comme la neige.

[1] Extraits de la *Terre de Glace*, par Jules Leclercq (Paris, Plon).

Il faut mettre pied à terre à l'approche d'un noir abîme qui semble barrer la route : c'est le *Hrafnagjá*, ou « crevasse des corbeaux », qui termine à l'est la vallée de Thingvalla. Le Hrafnagjá n'a ni les proportions ni la régularité architecturale de l'Almannagjá ; il est d'un aspect plus tourmenté ; les parois disloquées se penchent l'une vers l'autre et semblent prêtes à s'écrouler sur l'imprudent voyageur. Le fond de l'abîme est jonché d'énormes monolithes de lave, entre les intervalles desquels s'ouvrent des gouffres où dort une eau glaciale. Le sentier s'élève le long des précipices, plus roide qu'un escalier ; il n'y a que les chevaux islandais qui sachent passer par d'aussi mauvais pas.

Nous franchîmes la crevasse sur un pont naturel formé par des blocs géants tombés en travers de l'abîme ; si ce pont n'existait pas, le Hrafnagjá serait sans issue, et le voyageur devrait faire un grand détour. Mon guide, en vrai Islandais, remonta à cheval en cet endroit. Son cheval avait, heureusement, bon caractère, car il avait là une belle occasion de se débarrasser de son maître.

En gravissant les hauteurs, nous découvrîmes la partie orientale du lac de Thingvalla, que des montagnes nous avaient cachée jusqu'alors. De tous côtés surgissaient des volcans éteints. Nous côtoyâmes la base d'un de ces volcans, le *Lalfs Tindr*, remarquable par les cavernes qui s'ouvrent dans ses flancs, au sein de la palagonite ; elles sont assez grandes pour servir d'abri aux bestiaux. Ces cavernes semblent avoir été formées par le refroidissement de la surface de la lave, qui n'a pas empêché la matière liquide de couler au-dessous de la croûte solidifiée.

Ce ne fut qu'au bout de trois heures de marche que nous perdîmes de vue le beau lac de Thingvalla. Au même instant, nous vîmes s'ouvrir, du haut du plateau que nous avions atteint, une vallée dont l'aspect surpassait en désolation et stérilité tout ce que j'avais contemplé jusqu'alors. A première vue, on eût dit un immense lac, mais un lac terne et mat, où jamais le soleil ne se mira, une sorte de mer Morte pétrifiée. Un lac de lave avait, en effet, envahi toute la vallée, mais le refroidissement l'avait figé, et à sa surface il n'y avait d'autre végétation qu'une maigre mousse grisâtre. En descendant dans cette sombre vallée, nous chevauchions à travers un effroyable chaos de laves scoriacées, tordues, fissurées, bouleversées par toutes les furies des volcans et des tremblements de terre. Nous avions peu de peine à maintenir nos poneys sur le bon chemin, car ils n'eussent pu s'en écarter sans se rompre les os.

Après avoir parcouru bien des collines pierreuses et traversé à gué bien des rivières, nous arrivâmes dans un de ces vallons herbeux qu'on rencontre si rarement en Islande, et qui sont comme les oasis de cette contrée maudite. Jamais un Islandais ne traverse une de ces oasis sans y laisser brouter ses poneys pendant un quart d'heure. Cette constante sollicitude de l'Islandais pour ses chevaux est un des traits qui le rapprochent de l'Arabe, avec qui il a bien d'autres points de ressemblance. Malgré sa verdoyante parure, ce vallon était d'un aspect triste comme toute l'Islande; mais ce qui me réjouit un peu, ce fut la vue des vaches et des moutons qui y pâturaient. Ces bestiaux me donnaient la nostalgie des Alpes. Que de fois, devant les sites sombres et silencieux de la Terre de glace, j'ai reporté ma pensée inquiète vers les contrées heureuses que j'avais parcourues antérieurement et que mon imagination embellissait encore à distance!

Longtemps avant d'atteindre les rives du *Laugarvatn,* j'aperçus

VUE DU MONT HÉKLA.

des vapeurs abondantes que le vent chassait dans la direction du lac. Elles provenaient de ces sources chaudes qu'on rencontre si fréquemment dans cette contrée glacée; bien des voyageurs, en les voyant de loin, ont cru qu'ils approchaient de la vallée des Geysers, dont ils étaient encore à six heures de marche. Ces sources sont, en effet, des geysers en miniature, et je me détournai de ma route pour aller les examiner de près. Elles sont situées sur la rive occidentale du lac. Elles dégagent de fortes émanations sulfureuses et sont pour la plupart intermittentes. Je recueillis sur leurs bords de beaux cristaux de soufre. La température de quelques-unes s'élève jusqu'au point d'ébullition; mais comme elles bouillonnent toutes avec une égale énergie, il faut croire que ces bouillonnements sont dus moins à l'élévation de la température qu'au dégagement du gaz. Le lac dans lequel se déversent ces sources, offre une démonstration frappante de la différence du poids spécifique de l'eau suivant la température ; à la surface, l'eau est en mains endroits extrêmement chaude, tandis qu'à un pied de profondeur elle est toute froide.

Les anciens Islandais se servaient des sources d'eau chaude en guise de bains publics. Le lac Laugarvatn doit son nom à cette circonstance : le verbe islandais *atb taug* (1) signifie se « baigner », et les nombreux noms de lieux qui renferment ce mot indiquent les endroits où le peuple se livrait à des ablutions. Le samedi était spécialement consacré à cet usage, et voilà pourquoi ce jour de la semaine est désigné en islandais sous le nom de *laugardagr*, « jour du lavage ». Malgré les splendides baignoires que la nature a préparées aux Islandais, ceux-ci ont perdu l'usage hygiénique de leurs ancêtres. Il faut bien reconnaître que les Islandais païens étaient infiniment plus propres que leurs descendants luthériens, dont la saleté n'est dépassée que par celle des Esquimaux.

Nous fîmes la halte du déjeuner à proximité du bœr de *Laugardalr*, situé à mi-chemin de Thingvalla et des geysers. Cette heure de repos au milieu de l'étape était délicieuse, bien que ce ne fût pas une heure de *farniente* : il fallait d'abord desseller les chevaux ; on ouvrait ensuite le coffre aux provisions, et, pendant que mon guide courait chercher de l'eau au ruisseau ou du lait au bœr voisin, j'allumais la lampe à alcool et préparais un bouillon de Liebig que je partageais loyalement avec Johannes. Puis nous attaquions la langue fumée et nous finissions par la traditionnelle tasse de café au sucre noir et poudreux que nous apportait la fermière des environs. Nous mangions sur l'herbe, assis sur nos coffres ou sur des blocs de lave, avec ce prodigieux appétit que donne l'air d'Islande. Ensuite nous sellions les chevaux frais et repartions avec une ardeur nouvelle.

Nous venions de nous remettre en route, quand Johannes me signala, dans la direction du sud-est, une sorte de lointaine auréole neigeuse étincelant au soleil : c'était la cime de l'Hékla. Il y a des noms qui ont un pouvoir magique : je ne sais pourquoi cette auréole neigeuse exerçait sur moi une attraction puissante. Le fameux volcan m'apparaissait pour la première fois, et il se montrait à mon imagination sous je ne sais quel aspect fascinateur. Je m'exaltais à l'idée d'en explorer bientôt les mystérieux cratères. Vu à distance, l'Hékla me parut prodigieusement haut ; en Islande, on est toujours porté à exagérer l'altitude des montagnes, à cause de la grande quantité de neige qui s'accumule sur leurs flancs. Ce ne fut d'ailleurs qu'une rapide apparition, car de sombres nuages ne tardèrent pas à s'interposer entre nous et la montagne.

(1) Lat., *lavare*.

En peu de temps, nous arrivâmes sur le bord de la *Brúara*, où l'évêque suédois Jón Gerikson fut autrefois lynché par le peuple. Cette rivière abonde en truites et en canards, et sur ses rives pullulent les pluviers et les courlis.

Le passage de la Brúará est une des *great attractions* du voyage aux geysers, et j'avais lu tant de palpitantes descriptions au sujet des dangers qui m'attendaient en cet endroit, que j'étais préparé à toutes les épouvantes et à toutes les émotions. La rivière a environ cent mètres de largeur ; elle coule sur un lit de lave bleue au milieu duquel s'ouvre, dans le sens longitudinal, une large et profonde crevasse où les eaux s'engouffrent avec fracas. On passe la rivière à gué, et l'on franchit la crevasse au moyen d'un pont, le seul pont sérieux que j'aie rencontré en Islande (1). Nombre de voyageurs réduisent ce pont à une simple planche ; un excellent recueil de voyage en donne un dessin qui fait grand honneur à l'imagination de l'auteur ; si un cavalier traversait un pareil pont, il risquerait fort de subir le sort du pauvre Gerikson. Le pont se compose, en réalité, d'une douzaine de planches de quatre mètres de long, bordées d'une rampe solide, et, bien qu'il soit à demi submergé par les eaux tumultueuses, il faudrait être terriblement nerveux pour ne pas oser le franchir à cheval. On traverse journellement en Islande des gués bien autrement périlleux.

Quand on se place sur une pointe de rocher qui fait saillie au-dessus de la rive droite, en aval du pont, on embrasse d'un coup d'œil la chute de la Brúará. La rivière s'élance tout écumante sur des gradins de lave, d'où elle dégringole avec un bruit assourdissant ; au-dessous des gradins, elle tourbillonne dans un gouffre bleuâtre qui donne le vertige quand on le regarde fixement. C'est un tableau d'une mâle beauté, que rehausse encore le cadre sévère des montagnes neigeuses ; mais la plupart des voyageurs en ont parlé en termes trop enthousiastes, et l'Anglais Symington a dû voir cette cataracte avec son verre grossissant lorsqu'il l'a comparée à la célèbre chute du Zambèze, le Niagara africain.

Je ne saurais exprimer la joie qu'éprouve le voyageur fatigué quand, après une grande journée de marche, il aperçoit des centaines de nuages qui jaillissent à l'horizon du sein de la terre et s'élèvent majestueusement vers le ciel ; ces nuages, qui de loin ressemblent à une armée de grands fantômes, lui annoncent qu'il approche de la célèbre vallée des Geysers, terme de sa longue étape. On les aperçoit à une lieue de distance, et telle est l'intensité des blanches vapeurs fusant comme des gerbes aqueuses, qu'on s'imagine voir les geysers en pleine éruption. On fait presser le

(1) La Bruara (rivière au pont) doit probablement son nom à un pont naturel qui devait franchir autrefois la rivière, et non au petit pont de bois qu'on y a construit de nos jours. Burton dit qu'en Ecosse, dans le Perthshire, il existe une rivière du même nom, la *Bruar*, et elle doit ce nom à une arche naturelle.

pas aux chevaux qui commencent à donner des signes de lassitude, on dépasse une ferme située au pied d'une colline d'une teinte rouge, et, après avoir contourné la colline et traversé une plaine de sable, on atteint les premiers geysers.

Les chevaux montrent ici leur merveilleuse sagacité; ils marchent avec mille précautions sur ce sol criblé de puits d'eau bouillante, et le mieux est de se fier à leur instinct. S'ils franchissent un ruisseau, ils s'assurent d'abord par l'odorat que l'eau n'en est pas chaude; s'ils passent près d'une source fumante, ils s'en détournent avec circonspection.

Bientôt mon guide s'arrêta et mit pied à terre; nous étions arrivés à notre lieu de campement. J'avais les muscles tellement roidis par la fatigue de l'équitation, qu'enjamber ma selle et descendre de cheval était au-dessus de mes forces physiques. Johannes, s'apercevant de ma piteuse situation, me saisit à bras-le-corps et me déposa sur le sol. Ce bon Johannes devait rire à part lui, car les Islandais, qui passent toute leur vie à cheval, ne comprennent guère que tous les hommes ne soient pas des centaures.

Nous plantons la tente de vadmeit près du grand geyser, puis nous songeons au dîner. Comme je me dispose à faire usage de la lampe à alcool pour faire la soupe, Johannes me fait signe que c'est inutile, puisque nous avons à côté de nous l'eau bouillante des geysers. Il attache une corde à la bouilloire, et court la plonger dans un geyser dont les eaux n'ont pas la désagréable saveur sulfureuse des réservoirs voisins; il obtient ainsi un bouillon instantané. Il immerge de la même façon les viandes et le pot à thé. Nous eûmes un dîner excellent, et Vatel lui-même n'eût rien trouvé à redire à la cuisson.

II

Courons au grand geyser. On le reconnaît facilement de loin, grâce à l'abondance des vapeurs blanches qui s'échappent de son vaste cratère, situé au sommet d'une éminence de forme à peu près circulaire, dominant de quatre mètres le niveau général de la plaine. Cette éminence a été créée par le geyser même, qui dépose journellement sur ses bords les substances que ses eaux tiennent en dissolution; elle est formée de tufs siliceux disposés en plaques minces; près du bassin, ces plaques sont si dures, qu'on peut à peine les briser à coups de marteau, tandis qu'au pied du cône elles s'émiettent et craquent sous les pieds, et on les détache aisément. Dans tous les creux séjournent des mares d'eau tiède déposées par la dernière éruption. Une infinité de petits canaux sillonnent la roche, et par ces canaux se déverse le trop-plein du réservoir.

PASAGE DE LA BRÜARA.

L'aspect du grand geyser a quelque chose de fascinateur. Le soir où je le vis pour la première fois, l'air était calme, et l'eau surchauffée dormait dans son beau bassin circulaire, aussi pure que le cristal, immobile et miroitante comme une glace. Le ciel de Cadix n'est pas plus bleu que cette nappe d'eau transparente, qui laissait voir le fond de son lit siliceux aussi nettement que si le bassin eût été à sec. J'apercevais distinctement le conduit central, où les eaux étaient d'un bleu plus foncé, par suite de l'accumulation des couches liquides.

Des pétrifications siliceuses de toute beauté font au bassin une ravissante ceinture; Henderson a prosaïquement comparé ces merveilleuses efflorescences, connues sous le nom de geyserites, à de vulgaires choux-fleurs; j'aime mieux les comparer aux fines dentelures dont les Arabes ont recouvert les murs de l'Alhambra. Elles sont d'une structure si délicate, qu'il est difficile d'en emporter des spécimens.

Le bassin a la forme d'une gigantesque soucoupe de quinze à dix-sept mètres de diamètre (1). Ses parois intérieures sont polies par les eaux. Lord Dufferin le compare irrespectueusement à ces cuvettes de toilette percées au fond d'une ouverture, en usage sur les bateaux à vapeur. Le conduit central a trois mètres de diamètre à son orifice; on a pu le sonder jusqu'à vingt-quatre mètres (2) de profondeur; il est probable qu'en cet endroit il fait un coude qui empêche la sonde de pénétrer plus avant. C'est vers ce gouffre mystérieux que les yeux se portent avec une avide curiosité, j'aurais voulu y plonger les regards, mais je ne pouvais pas même en atteindre les bords; ce n'est que lorsque le bassin se vide à la suite d'une éruption qu'il est possible de s'approcher du puits. On ne peut se défendre d'un sentiment de crainte en songeant que la température de l'eau, dans ce puits, dépasse de beaucoup le point d'ébulition, comme l'ont montré les observations.

Tout en examinant le bouillant réservoir, je crus remarquer des lettres gravées sur les parois siliceuses; en y regardant de plus près, je pus me convaincre que les Anglais ne se contentent plus de griffonner leurs noms sur les monuments, ils imaginent maintenant de les écrire sur les geysers ! J'étais à faire des réflexions sur la bêtise humaine, quand je m'aperçus que quelque chose d'insolite se passait au sein du tube; l'eau commença à s'agiter violemment; au même instant, j'entendis de sourdes détonations, et le sol se mit à trembler très fort. Je savais que c'était là les signes précurseurs d'une éruption, et que l'éruption suit de très près les bruits souterrains. Je m'enfuis au plus vite vers la tente, pendant

(1) D'après les mesures prises en juillet 1864 par MM. Coles, Peek et Morgan, le plus grand diamètre est de 56 pieds anglais; le plus petit, de 49.
(2) Septante-huit pieds, d'après les sondages exécutés par MM. Coles, Peek et Morgan.

que Johannes accourait vers moi, et tous deux nous attendîmes l'événement avec anxiété. Les grondements augmentaient; on eût dit des coups de canon qu'on tirait dans les entrailles de la terre, et à chaque coup de canon le sol semblait vouloir s'effondrer sous nos pieds. J'étais dans la plus vive agitation; je m'attendais à tout instant à voir une splendide colonne d'eau s'élever majestueusement dans les airs; mon guide faisait des gestes désespérés pour exciter le geyser, mais notre espoir fut déçu; il n'y eut pas d'éruption, et tout se borna à un bruyant borborygme suivi d'une élévation soudaine des eaux, qui débordèrent du bassin avec une abondante émission de vapeurs. Le phénomène dura à peine deux minutes, et, quand je retournai au bord du geyser, le débordement avait cessé, les eaux avaient repris dans le bassin leur niveau primitif. Je me retirai extrêmement désappointé.

Il était minuit, et je suivis l'exemple de Johannes, qui s'était déjà préparé une couche sous la tente. Nous avions établi notre campement au pied du cône du grand geyser, afin de ne pas manquer les éruptions qui pourraient se produire pendant la nuit. Il n'était peut-être guère prudent de camper si près du geyser, mais le guide avait lui-même choisi l'emplacement, et quand je ne me serais pas fié à son expérience, j'eusse été rassuré par les traces nombreuses d'autres campements. Le roi de Danemark, lord Dufferin, le prince Napoléon, avaient campé au même endroit. Je m'enroulai tout habillé dans mes couvertures, afin d'être prêt à tout événement.

J'étais à peine couché, que la pluie commença à crépiter sur la toile de la tente. Malgré le soin avec lequel nous avions calfeutré toutes les ouvertures avec de l'herbe sèche, il faisait un froid de loup sous notre frêle habitation de vadmel. J'eus beau tenir allumée la lampe à alcool, cette faible flamme n'influençait en aucune façon le thermomètre, qui ne marquait que 2° centigrades au-dessus de zéro. La pluie tombait si abondante, qu'elle perça bientôt l'étoffe protectrice, et nous n'eûmes plus que nos vêtements imperméables pour nous garantir de l'humidité glaciale; il fallut bien se résigner à faire provision de rhumatismes pour les vieux jours.

Johannes, chargé de m'avertir des éruptions qui pourraient se produire, ne tarda pas à ronfler comme sait ronfler un Islandais; il dormait profondément quand le geyser se mit à gronder de nouveau comme un canon; mais tous les canons du monde n'auraient pas arraché mon guide à son premier sommeil. Je me précipitai seul hors de la tente, espérant que cette fois j'allais assister à une éruption; malheureusement ce fut encore une fausse alerte; après quelques signes de colère, le geyser s'apaisa de nouveau, et je ne vis rien de plus qu'une explosion d'épaisses vapeurs. Je rentrai sous la tente fort vexé, en me glissant à plat ventre par la petite ouverture qui servait de porte; cette gymnastique me causait chaque fois une vive douleur dans le genou, que je m'étais tordu lors de ma chute de cheval. Le geyser gronda encore trois ou quatre fois pendant la nuit, et je finis par m'accoutumer aux fureurs de mon irascible voisin.

J'étais plongé dans un sommeil léthargique, où, singulier contraste, je rêvais que je me reposais sous un palmier de la riante vallée d'Icod aux îles Fortunées, quand vers huit heures du matin retentit un coup de tonnerre si formidable, que mon guide lui-même se réveilla en sursaut; il n'est point de ronfleur qui puisse résister à un aussi puissant réveille-matin. Le coup de tonnerre venait du geyser et point du ciel; l'Islande, d'ailleurs, ne connaît

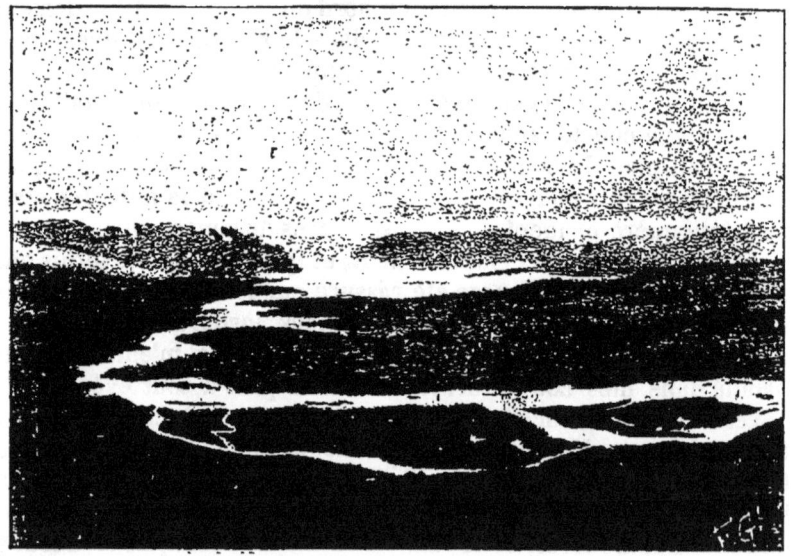

RÉGION DES GEYSERS.

pas les orages. Cette bruyante manifestation n'eut aucune suite; beaucoup de bruit pour rien.

Une de mes habitudes en Islande était de me baigner tous les matins quand j'étais encore à jeun. A Thingvalla, j'avais pris un bain dans la glaciale Oxarà; ici, je voulus prendre un bain chaud dans un des innombrables thermes que j'avais à ma disposition. Je choisis pour mes ablutions une mare située près du bassin du grand geyser. L'eau est exquise; Bayard Taylor la compare avec raison au velours et au duvet; le savon s'y transforme en une substance merveilleuse; elle pénètre tout le corps d'un bien-être indéfinissable. Elle n'a ni odeur ni saveur désagréable; mais si on la laisse reposer quelque temps dans un flacon bouché, elle pétille comme du champagne, et dégage une forte odeur d'hydrogène sulfuré. Elle est riche en substances minérales. Le docteur Black a constaté qu'un galon de cette eau contient 5,56 grammes de

VUE GÉNÉRALE DE REIKIAVIK.

soude ; 2,80 grammes d'aluminium, 31,38 grammes de silice, 14,42 grammes de muriate de soude, 8,57 grammes de sulfate de soude.

Pendant que je me délectais dans l'eau tiède, j'entendis tout à coup des bruits inquiétants ; je remarquai que les eaux montaient dans leur bassin d'une façon alarmante, et, dans la crainte de recevoir une effroyable douche d'eau bouillante, je m'enfuis à toutes jambes sans même prendre le temps d'emporter mes habits, et courus me mettre en lieu sûr. Ce fut encore une fausse alerte, et je pus achever mes ablutions interrompues. Dans la précipitation de ma fuite, je m'étais blessé les pieds sur les roches siliceuses : il me fallut recourir aux onguents de la boîte de pharmacie. M. Coles fut surpris de la même façon pendant qu'il prenait ses mesures et sondages : il n'eut que le temps de se sauver au plus vite, poursuivi par des flots d'eau bouillante. A son avis, il n'est pas d'endroit au monde où un homme puisse courir aussi vite que sur les pentes du cône du grand geyser.

Quand je retournai au lieu de campement, j'y trouvai un petit homme qui chuchotait en islandais avec mon guide. Les Islandais chuchotent mystérieusement lorsqu'ils causent entre eux : ils semblent avoir toujours des secrets à se confier. Ce nouveau venu était le bondi du bœr voisin de Haukadalr. Il avait remarqué notre arrivée, et, par une attention intéressée, il avait songé à notre déjeuner. Je vis qu'il avait en main une bêche dont l'utilité devait m'être démontrée par la suite. Le déjeuner qu'il nous apportait se composait des éléments habituels d'un festin islandais : de la morue séchée réduite aux arêtes et à la peau, et ressemblant beaucoup à une vieille feuille de parchemin ; du pain noir qu'il fallait casser à coups de pierre, une bouteille de lait, et du café froid qu'on fit chauffer dans le geyser. Pendant que Johannes attaquait la morue avec une voracité digne d'un Islandais de bonne race, je substituai à cette partie du menu ma langue de bœuf à laquelle il n'osa pas toucher.

Je n'avais encore exploré que le grand geyser, mais ce n'est pas le seul qui mérite une visite. Autrefois, quand je ne connaissais encore l'Islande que par les manuels de géographie, je m'imaginais une île glacée au milieu de laquelle surgissait l'Hékla, et je me représentais, au pied de l'Hékla, un geyser lançant de grandes colonnes d'eau bouillante. Dans mon ignorance, je croyais alors que l'Islande n'avait qu'un seul volcan et un seul geyser. Or, on rencontre des geysers (1) dans maintes parties de l'île, dans les vallées, sur les montagnes, et même au sein des neiges perpétuelles ; mais la plupart se trouvent dans des régions où l'action des feux souterrains semble en voie d'extinction : ils sont la dernière mani-

---

(1) Geyser (angl. *gusher*) est un vieux mot islandais qui signifie « jaillir ».

festation de l'énergie volcanique à la veille d'expirer. On ne les rencontre guère dans le voisinage de la mer, et il est peu probable que quelques-uns bouillonnent sous les eaux de l'Océan, comme des voyageurs l'ont prétendu.

Les plus beaux geysers de l'Islande sont ceux de la vallée de Haukadalr ; nulle part on ne les trouve aussi nombreux : en 1881, on en comptait environ 130 en activité. Leur nombre varie, car tandis que les uns s'éteignent, il en naît de nouveaux. L'aspect des lieux se modifie sans cesse, et le plan que j'en fis, et qui était parfaitement fidèle en 1881, n'offrira sans doute plus la même exactitude dans quelques années, sinon pour les traits principaux, tout au moins pour quelques détails secondaires. Les geysers n'ont pas tous la même énergie ; leur puissance dépend de leur âge. Burton divise leur vie en sept périodes. Dans la période de l'enfance, le geyser dort encore dans le sein maternel de la terre, et du sol boueux et chaud s'échappent de légères vapeurs ; bientôt l'enfant commence à respirer fortement, et il lui arrive parfois de vomir dans le giron de sa nourrice ; puis, voici qu'il bout, impatient de montrer ce qu'il sait faire ; vient ensuite la période de la jeunesse, pendant laquelle il déborde. Le grand geyser offre le type du geyser arrivé à l'âge mur, dans toute la plénitude de ses forces ; le *laug* (1), aux eaux tranquilles et dormantes offre le type de la vieillesse, et l'on trouve l'image de la décrépitude et de la mort dans les entonnoirs vides aux parois rougeâtres.

On peut examiner les geysers sous toutes ces formes dans la vallée de Haukadalr. Je courais de l'un à l'autre, avec cette curiosité que provoquent les mystérieux phénomènes du monde souterrain. Je marchais sur un sol criblé d'ulcères et qui résonnait sous les pas comme s'il eût été miné. De chaque orifice s'élevaient des colonnes de vapeur. Ici, c'était un bassin d'où s'échappait à gros bouillons une eau fumante qui se précipitait dans des rigoles, semblable à du diamant en fusion ; ailleurs, une profonde cavité au fond de laquelle on entendait le tumulte des eaux qui ne parvenaient point à s'élever jusqu'au bord. Le sol fumait de tous côtés, car les vapeurs planaient non seulement au-dessus des orifices, mais aussi au-dessus des innombrables rigoles qui sillonnaient toute l'étendue de la vallée.

Cette vallée ne répond guère aux sombres peintures qu'en ont faites certains voyageurs. Lord Dufferin en donne une idée erronée en disant que pas un brin d'herbe ne croît sur ce sol brûlant. Loin d'être frappée de stérilité, Haukadalr (2) est une des plus verdoyantes vallées de l'Islande. Une riche flore alpestre s'y épanouit, grâce à l'humidité constante qu'y entretiennent les vapeurs qui retombent sur le sol en chaude rosée. Le paysage est d'une sévé-

(1) *Laug*, en islandais, signifie « citerne ».
(2) Vallée des faucons.

rité grandiose. Vers le sud, surgissent de hautes cimes au milieu desquelles trône l'Hékla, drapé dans son splendide manteau de neige ; au nord, les *Jokulls* glacés se dressent comme une armée de fantômes, gardant les abords du mystérieux désert central. C'est un de ces tableaux dont les grandes lignes se gravent dans l'imagination en traits ineffaçables.

Lorsqu'on explore cette vallée des geysers, deux phénomènes curieux s'offrent immédiatement à l'attention : la différence de niveau des sources chaudes et l'aspect différent des substances qu'elles déposent. Le dernier phénomène est d'autant plus remarquable, que les sources sont très rapprochées les unes des autres ; les eaux traversent, sans doute, des couches de diverses substances et laissent un dépôt qui varie suivant la nature des roches qu'elles dissolvent grâce à leur énorme température. Malgré leur différence de niveau, les geysers semblent ne pas être indépendants les uns des autres, car lorsque l'un d'eux montre des signes d'agitation, les autres émettent une plus grande abondance de vapeurs, ce qui prouve qu'il existe entre eux une certaine sympathie. On trouve des sources aussi bien sur les pentes de la colline située à l'ouest du grand geyser que dans le fond de la vallée.

Toutes ces sources travaillent à leur propre anéantissement, car à la longue les dépôts qu'elles accumulent à leur orifice doivent finir par les étouffer. Le petit geyser (1), où nous cuisions nos aliments, s'engorge rapidement par suite des dépôts de florite qui s'attachent aux parois supérieures, à l'endroit où l'eau se refroidit au contact de l'air. C'est un des plus beaux bassins qui soient au monde ; il semble avoir été taillé dans le lapis-lazuli, et l'on peut regretter qu'il soit appelé à disparaître. De tous les geysers d'Islande, nul n'a plus excité l'admiration des voyageurs. Il se compose en réalité de deux chaudières qui s'ouvrent au niveau du sol, et dont la plus grande mesure 12 mètres de circonférence ; bien qu'elles communiquent sous terre, elles sont séparées par une mince cloison qui n'a guère plus de 30 centimètres d'épaisseur. Les eaux qui bouillent dans ces chaudières sont d'une limpidité merveilleuse ; telle est leur pureté, qu'elles semblent plus transparentes encore que l'air ambiant ; elles invitent le regard à scruter leurs mystérieuses profondeurs, et qui sait jusqu'où l'œil pourrait les sonder s'il pouvait dissiper les ténèbres des abîmes souterrains ! On ne saurait rien imaginer de plus magique que la coloration de ces eaux ; l'azur du ciel s'y mêle au vert de l'émeraude, et le langage de la poésie pourrait seul exprimer tout ce qu'il y a de fascinateur dans leurs chatoiements.

Le petit geyser avait autrefois de fréquentes éruptions ; mais il a cessé de jaillir depuis un violent tremblement de terre qui boule-

---

(1) Les Islandais l'appellent « Blesi ».

versa la vallée en 1789; la commotion disloqua probablement le conduit souterrain, en même temps qu'elle ouvrit, à quelques pas de là, un nouveau geyser connu sous le nom de *Strokkr* (1).

Le Strokkr est très irritable, et il me punirait sans doute de ne pas l'avoir nommé plus tôt si la distance ne me mettait à l'abri de ses fureurs. C'est à quelque désorganisation de l'estomac qu'il doit son tempérament irascible; le malheureux ne peut digérer les aliments qu'on lui donne, et les rend avec des efforts spasmodiques. A la différence du grand geyser, qui ne jaillit que selon sa fantaisie, le Strokkr fait explosion suivant le bon plaisir des visiteurs. Or, comme le grand geyser ne donnait aucun signe de démonstra-

OESTERDAL ET LE SKAGEFJORD.

tion sérieuse, je voulus provoquer artificiellement une éruption de son rival.

Ce curieux voisin était situé à cinquante pas de notre campement. Je me dirigeai vers les colonnes de vapeur qu'il projetait et m'avançai jusqu'au bord de la baratte: c'est un orifice circulaire, qui ne s'ouvre point au sommet d'un cône comme le grand geyser, mais au niveau du sol. Il annonce si peu son voisinage, qu'un homme affligé de myopie courrait grand risque d'y faire le plongeon. C'est ce qui arriva autrefois à un ivrogne que sa mauvaise

(1) *Strokkr*, en islandais, signifie « baratte ». Beaucoup d'auteurs se sont mépris sur le véritable sens de ce mot. M. Marmier le traduit à tort par « pyramide », puisque le Strokkr n'a point de cône. Barow traduit par « trembleur », et Dillon, par « pilon à battre le beurre ». C'est sans doute à la violente agitation de ses eaux que le Strokkr doit son nom.

étoile conduisit dans ces parages : le geyser ne put le digérer et le lança dans les airs, fidèle à ses habitudes. Un jour, un Anglais paria qu'il sauterait au-dessus du gouffre; il gagna l'enjeu, au grand désappointement de ses partenaires, qui s'apprêtaient à le retirer cuit à point de l'horrible chaudière.

Le tube mesure trois mètres de diamètre ; ses parois rougeâtres sont tout à fait verticales; il réalise assez bien l'idée populaire d'un cratère volcanique. On a constaté que sa profondeur totale est d'environ 13 mètres (1), et qu'il se rétrécit vers le milieu. Les eaux bouillonnent à quatre mètres de profondeur avec une bruyante véhémence qui dénote un tempérament facile à exaspérer ; elles donnent par intervalles d'abondantes émissions de vapeur. Leur température est de 109° centigrades (2).

Le Strokkr, qui n'est peut-être que le « New Geyser » de Stanley et de Henderson, avait autrefois des éruptions naturelles. Aujourd'hui, il faut, pour le faire jaillir, lui donner un émétique à dose convenable. Le böndi y avait songé, et voilà pourquoi il s'était muni de la bêche traditionnelle qui sert à administrer les cuillerées au patient ; depuis nombre d'années que cette bêche fonctionne à raison de deux couronnes par dose, elle a dû rapporter au petit homme un joli revenu. A l'aide de son ustensile, il détacha quelques douzaines de carrés de gazon, puis les transporta avec Johannes au bord du Strokkr et les précipita tous à la fois dans la gueule du geyser. A cet instant, je tirai ma montre.

Nous étions tous trois dans l'expectative, au bord du puits, et le fermier, le menton appuyé sur le manche de sa bêche, observait sa vieille connaissance avec le plus profond intérêt : il n'était pas jusqu'à son chien qui ne regardât curieusement ce qui se passait au fond de la marmite.

Le patient n'eut pas sitôt avalé ses pilules qu'il manifesta son mécontentement par des grondements significatifs. Je voulus fuir; mais comme le fermier ne bougeait pas plus qu'une statue, je vis bien que le moment n'était pas venu. Bientôt, le geyser parut se calmer et se recueillir, comme pour méditer comment il se vengerait de l'insulte que nous lui avions faite; les bouillonnements cessèrent, les eaux se troublèrent, prirent une teinte jaune sale, et une écume épaisse s'accumula à la surface.

Vingt-cinq minutes après que la dose eut été administrée, les eaux montèrent tout à coup jusqu'au bord de l'orifice ; nous prîmes tous la fuite, et quand nous nous retournâmes, nous vîmes une puissante colonne d'eau, aussi large que l'orifice, jaillir dans les airs avec d'effroyables sifflements, rejetant violemment les

(1) Quarante-deux pieds.
(2) 228° Fahrenheit, suivant les observations de MM. Coles, Morgan et Peek. Ils se servirent d'un thermomètre à maxima soigneusement construit, muni à son extrémité inférieure d'un grand ressort à spirale destiné à empêcher toute oscillation de l'index par suite des chocs contre les rochers.

masses de boue et de gazon que le geyser n'avait qu'à demi digérées. La gerbe monta jusqu'à une hauteur que j'évaluai à 20 mètres, et ne retomba dans le puits que pour remonter immédiatement après plus haut encore, car dès lors la rage du Strokkr ne connut plus de bornes. A l'instant où la colonne d'eau rentrait dans le gouffre, elle en était de nouveau expulsée avec une telle violence qu'elle montait de plus en plus haut. Les jets se succédaient avec la rapidité et la pétulance de fusées d'artifice, et plus d'une fois je vis la gerbe ascendante se frayer un chemin à travers la colonne descendante. Il y avait dans les convulsions du geyser irrité, dans ses mugissements et ses fougueuses explosions, comme une image des fureurs humaines. Nous nous tenions à distance respectueuse, et chacun de s'exclamer chaque fois qu'une nouvelle explosion dépassait les précédentes en hauteur et en magnificence.

Lorsque le phénomène eut atteint son apogée, les gerbes s'affaissèrent graduellement, et le Strokkr, épuisé par tant d'accès, parut rentrer dans le repos. Je tirai de nouveau ma montre ; il s'était écoulé dix minutes entre le premier et le dernier jet. Nous pûmes alors nous avancer jusqu'au bord du puits ; les eaux étaient descendues à un niveau plus bas ; les mottes de gazon étaient dispersées au bord de l'orifice, réduites de moitié par la désagrégation et complètement cuites.

Je me mis à noter ce que je venais de voir ; mais comme j'écrivais, voilà que de nouveaux sifflements se firent entendre ; j'eus une deuxième représentation du Strokkr en éruption. Le phénomène se reproduisit régulièrement d'heure en heure pendant toute la journée, et les jaillissements ne cessèrent que lorsque toutes les mottes de gazon qui avaient été précipitées dans le puits en eurent été expulsées, ou jusqu'à ce qu'elles furent suffisamment désagrégées pour ne plus s'opposer à la libre émission des vapeurs.

Les plus hauts jets m'ont paru s'élever à 30 mètres au-dessus du sol. Les observations des voyageurs varient beaucoup à cet égard. Suivant Stanley et Baring-Gould, le Strokkr lance de plus hautes gerbes que le grand geyser; Stanley leur donne 130 pieds de hauteur; Bryson et Kneeland, environ 100; Henderson, de 50 à 80; Burton, 40. Des voyageurs ont vu l'éruption se produire immédiatement après le jet des mottes de terre; d'autres, comme Burton, ont attendu une heure entière. Le roi de Danemark, en 1874, n'attendit qu'un quart d'heure; avant le départ du roi, on administra au geyser une nouvelle dose; mais cette fois le phénomène ne se produisit qu'après un intervalle tellement long, qu'on se mit en route, sans plus l'attendre; au moment même où le cortège royal arrivait au détour de la vallée, le Strokkr salua le départ de son auguste visiteur par des colonnes d'eau que les courtisans comparèrent à des flots de larmes.

Il y avait deux jours que j'étais campé entre le Strokkr et le grand geyser, quand un événement inattendu vint me distraire au milieu de ma solitude. Je savourais sous la tente un de ces livres favoris qui sont les compagnons discrets de tout lointain voyage, quand Johannes vint m'annoncer qu'il y avait à l'horizon une caravane qui arrivait du côté de l'Hékla; c'est du moins ce que me firent comprendre ses gestes, car j'eus beau écarquiller les yeux, il me fut impossible de rien distinguer. Menant une existence à demi nomade, les Islandais sont doués d'une vue très perçante. Je retournai tranquillement continuer ma lecture. Une demi-heure après, les sons assez inattendus d'un cor de chasse m'annoncèrent l'approche de la caravane. C'était peut-être le premier cor de

RÉGION DES GEYSERS. LANGGOKULL.

chasse qui eût jamais fait retentir les solitudes de l'Islande, et je me demandais avec une vive curiosité quels pouvaient être ces voyageurs. Combien je fus agréablement surpris quand Johannes, qui avait déjà reconnu de loin son frère qui les accompagnait comme guide, prononça les noms des deux frères Barrington ! Ces Irlandais avaient été mes compagnons de traversée à bord du *Faldemar*. Je courus au-devant d'eux, et la rencontre fut pleine de cordialité.

Ils voyageaient à la mode anglaise, traînant à leur suite une longue caravane encombrée d'*impedimenta* qui retardaient leur marche. Ils n'avaient pas moins de vingt chevaux, dont dix étaient affectés au transport de leurs objets de campement et de leurs bagages, contenus dans huit coffres qu'ils avaient eu soin de numéroter pour s'y reconnaître. Ils avaient à leur solde deux guides et même un cuisinier qu'ils avaient emmenés de leur pays. Ils avaient apporté d'Angleterre une vaste tente à pieu central, de trois mètres de haut, une batterie de cuisine complète, toutes sortes de provisions, des fusils de chasse et des munitions, des hamacs qui se fixaient sur des pieux fichés en terre (1), enfin une foule d'articles en caoutchouc, bassins de toilette, seaux à laver la vaisselle, et même un petit canot portatif pour franchir les rivières. Leur cor de chasse m'intriguait fort; ils me dirent qu'ils s'en servaient pour appeler les passeurs des rivières. Ils m'amusèrent bien plus quand ils me racontèrent qu'ils avaient poussé la

CAVERNES DE LA RÉGION DES GEYSERS.

prévoyance jusqu'à faire l'apprentissage du métier de maréchal ferrant, dans l'ignorance où ils étaient qu'en Islande il n'est personne qui ne sache ferrer un cheval.

Les nouveaux venus dressèrent leur tente à côté de la mienne. A onze heures du soir, leurs préparatifs furent terminés, et, bien que j'eusse déjà dîné avant leur arrivée, ils me forcèrent à partager avec eux leur soupe terriblement pimentée et les produits de leur chasse, des pluviers que leur cuisinier avait apprêtés avec une excellente compote aux pommes. Ils me racontèrent, entre le thé et le whiskey, qu'ils arrivaient de l'Hékla, dont ils avaient fait l'ascension; qu'ils avaient trouvé la neige accumulée sur le volcan

(1) Dans le hamac, on est à l'abri de l'humidité du sol; mais il faut, pour le monter, une tente de dimensions extraordinaires.

en masses prodigieuses, au point que les cratères en étaient entièrement comblés ; qu'enfin un brouillard glacial leur avait dérobé la vue du panorama, et qu'ils avaient failli geler tout vifs au sommet. Ils voulurent me persuader de renoncer à cette inutile ascension qui était mon rêve le plus cher, mais m'engagèrent vivement à visiter le théâtre de l'éruption de 1878, où ils avaient vu des laves infiniment plus belles et plus fraîches que celles du Vésuve et de l'Etna.

Le lendemain, les Islandais imaginèrent de cuire leur dîner dans le Strokkr, à l'exemple du commodore Forbes, qui inaugura ce procédé original en 1859. Ils commencèrent par amasser au bord de l'orifice le nombre réglementaire de mottes de gazon ; puis l'un d'eux tira de son coffre une chemise de flanelle, empaqueta dans le corps de la chemise un quartier de mouton et dans chaque manche un pluvier. Le Strokkr avala coup sur coup sa dose ordinaire de gazon et le supplément extraordinaire. Au bout d'une demi-heure, au moment même où nous nous demandions avec anxiété si le glouton n'était pas en train de dîner pour nous, nous vîmes la chemise projetée bien haut dans les airs avec les mottes de gazon : elle retomba sur le bord du puits ; mais le moment n'était pas venu encore de goûter le gigot ; car, aussi longtemps que dura l'éruption, il fut impossible de s'approcher de l'endroit où le geyser l'avait déposé ; il fallut profiter d'un intervalle entre deux explosions pour rentrer en possession de la chemise et de son contenu. Le mouton, cuit à l'anglaise, nous fournit un excellent plat de résistance ; quant aux oiseaux, il n'en restait plus que les os et la peau ; la chemise enfin était complètement déteinte, mais ne s'en portait pas plus mal.

Le grand geyser persista à nous fausser compagnie, justifiant ainsi la réputation de « quinteux personnage » que lui a faite le prince Napoléon, pour qui il ne daigna point se déranger en 1856 ; il ne fut pas plus galant en 1874 pour son seigneur et maître le roi de Danemark. Le vieux lion n'est plus ce qu'il était autrefois. Vers le milieu du dix-septième siècle, le grand geyser jaillissait régulièrement tous les jours, suivant le témoignage d'un évêque de Skalholt, le premier écrivain islandais qui mentionne ce phénomène ; cent ans plus tard, les éruptions étaient plus fréquentes encore, mais elles ne se produisaient plus avec la même régularité ; les voyageurs islandais Eggert Olafsson et Bjárni Pallsson rapportent qu'en 1770 il y avait souvent trois ou quatre éruptions dans l'espace de vingt-quatre heures, et que les jets dépassaient 300 pieds. A cette époque, le grand geyser était seul en activité. De Troil, vers la même époque, estima la hauteur de la colonne d'eau à 92 pieds. Ce fut en 1804 que le roi des geysers atteignit l'apogée de sa puissance ; il jaillissait alors de six en six heures à plus de 200 pieds de hauteur. Déjà, en 1866, Shepheard était réduit à attendre le phénomène pendant six jours.

Ce qui a achevé de ruiner l'organisme du geyser, ce sont les dernières éruptions de l'Eskja en 1875 et de l'Hékla en 1878. Suivant des rapports dignes de foi, les geysers se desséchèrent pendant la grande éruption de l'Eskja, et, au lieu de lancer de l'eau, ils projetèrent à une hauteur prodigieuse d'immenses quantités de fumée et de cendres chaudes, qui pendant la nuit ressemblaient à de gigantesques colonnes de feu visibles de très loin. Les violents tremblements de terre qui accompagnèrent ces phénomènes volcaniques ont exercé une profonde influence sur le régime du grand geyser. Actuellement, le vieil invalide ne sort plus de son repos qu'une fois par période de dix-sept jours (1), et le voyageur a souvent la mauvaise fortune d'arriver au lendemain d'une éruption. Plus d'un Anglais obstiné a campé sur les lieux pendant quinze jours.

Burton, qui n'a pas su conquérir la faveur des geysers, les tient en médiocre estime; dans son dépit, il les traite de *humbug*, et prédit que, s'ils continuent à décliner aussi rapidement, une vulgaire solfatare aura pris leur place dans quelques années. Plaise à Dieu que cette sinistre prophétie ne se réalise pas de sitôt! Les geysers ont la vie plus dure que les hommes, et l'on peut se plaire à croire que quelques générations se succéderont encore avant qu'on doive aller chercher ces phénomènes en Nouvelle-Zélande ou au Parc National des États-Unis.

Pour se rendre compte de l'origine des geysers, que Tyndall range parmi les merveilles du monde, il faut considérer l'aspect physique de l'Islande. Une vaste portion de l'île est ensevelie sous une éternelle carapace de glace; auprès des immenses *jökulls* de cette contrée polaire, les glaciers des Alpes ne sont que des miniatures; le glacier d'Aletsh, le plus grand de l'Europe, n'est qu'un point imperceptible en comparaison du *Vatna Jökull* qui recouvre un territoire aussi étendu que le canton de Berne. Ces jökulls donnent naissance à d'énormes masses d'eau qu'augmentent les neiges et les pluies; nulle contrée au monde n'a autant de lacs, de rivières et de marais. Or on comprend que ces eaux sont partiellement entraînées par des voies souterraines dans des fissures volcaniques, où elles s'échauffent et se vaporisent au contact des roches brûlantes, se mêlent au gaz qu'elles rencontrent en chemin, et, par l'action combinée des vapeurs et de la pression hydrostatique, finissent par jaillir de terre sous forme de colonnes d'eau bouillante (2).

(1) Ce chiffre n'est qu'une moyenne, car le geyser jaillit à des intervalles fort irréguliers.

(2) Forbes conteste que ce soient les eaux souterraines qui alimentent les geysers; dans son opinion, les eaux superficielles suffisent à les produire. En étudiant les geysers d'Islande, il fut frappé de cette circonstance, qu'il n'en rencontra pas un seul qui ne se trouvât dans le voisinage immédiat d'amas d'eau situés à la surface du sol, et il en tira cette conclusion que si l'on desséchait les

Un fait remarquable a frappé les géologues : la ligne sur laquelle se rangent ces sources jaillissantes suit une direction générale sensiblement parallèle à la ligne d'activité volcanique qui traverse l'île du sud-ouest au nord-est. Les geysers semblent donc devoir leur origine au contact des eaux avec des surfaces échauffées par les agents volcaniques; mais on ne s'accorde guère sur leur mécanisme. Pour expliquer leurs mystérieux jaillissements, les voyageurs du commencement du siècle imaginèrent l'existence de cavernes souterraines remplies d'eau et de vapeurs; cette théorie, proposée par Mackenzie, a été reproduite par lord Dufferin, MM. de Chancourtois et Ferri-Pisani, et une foule d'autres écrivains déjà anciens. L'hypothèse aujourd'hui généralement admise est celle d'un simple tube, mais on ne s'entend pas sur la forme de ce tube : l'un veut un tube droit; un autre, un tube recourbé ; un tel veut que le point central du tube soit soumis à la chaleur; tel autre entend que le même point soit soumis au froid, et tel autre encore ne trouve rien de mieux que de chauffer le coude du tube. D'aucuns, pour mettre fin à la dispute, ne veulent ni tube ni caverne. La géologie n'a pu encore déterminer avec certitude la forme intérieure des geysers, pas plus que la nature intime des volcans.

La théorie du tube a détrôné celle des prétendues cavernes souterraines depuis que le célèbre chimiste Bunsen et M. Descloiseaux ont étudié les geysers au moyen de sondages (1). Mais comment ce tube s'est-il formé? Par quel procédé une simple source thermale est-elle montée au grade de geyser? Par un long et patient travail chimique que Charles Forbes a décrit en ces termes : « Se frayant un chemin à travers la couche de palagonite, le geyser naissant se met immédiatement à élever ses murailles avec la silice qu'il extrait à l'aide de l'acide carbonique et de l'hydrogène sulfuré, et qu'il dépose sur les bords de son bassin; c'est ainsi qu'à la longue l'orifice devient tube. A l'âge de la virilité, la source s'entoure graduellement d'un rempart de tuf siliceux; quand ce rempart a atteint une certaine hauteur, toutes les conditions dont dépend la formation du geyser se trouvent réunies; le tube, étroit et long, est sans cesse alimenté par une colonne d'eau dont la tem-

marais qui bordent la vallée d'Haukadalr, et si l'on détournait la rivière dont les bras l'enserrent de tous côtés, pour livrer les geysers aux seules ressources souterraines qu'on leur suppose, les fontaines bouillantes disparaîtraient à l'instant faute d'aliments, comme il est arrivé en mille endroits, où l'on rencontre, le long de la ligne d'activité volcanique, des dépôts formés par des geysers éteints. Forbes a pu éteindre par cet artifice un geyser naissant. — *Iceland, its volcanoes, geysers and glaciers*, by Charles S. FORBES, com^r R. N.

(1) Le professeur Bunsen et M. Descloiseaux, membre de l'Institut, passèrent quinze jours dans la vallée des Geysers en 1846. Les derniers sondages ont été opérés en juillet 1861 par MM. Peck, Morgan et Coles; ils touchèrent fond à une profondeur de 78 pieds; ils firent un grand nombre de sondages, mais n'atteignirent que deux fois cette profondeur; les autres fois, la sonde toucha un roc à 35 pieds au-dessous de la surface : ils en conclurent qu'en cet endroit le tube se rétrécit subitement; mais on ne peut qu'émettre des conjectures sur sa forme intérieure.

pérature, a une certaine profondeur, peut être très voisine de celle de l'ébullition, sous la pression additionnelle de la masse liquide superposée (1). L'action mécanique du geyser n'a point d'autre cause que la formidable tension des vapeurs à cette énorme température des eaux souterraines. Les détonations qui précèdent les éruptions proviennent des grandes bulles de vapeur qui se condensent subitement en s'élevant vers les couches d'eau plus froides situées près de la surface; ce sont des éruptions avortées, qui ne peuvent se propager au delà du point d'origine, à cause de la basse température de la colonne d'eau. Mais lorsque la colonne superposée ne se trouve plus en équilibre avec la vapeur dont la génération rapide est due à la grande chaleur que dégagent les

RÉGION DES GEYSERS. HVITAAVATN.

parois latérales, les eaux sont forcées de monter; elles débordent du bassin, et la pression diminue proportionnellement dans la partie inférieure du tube, où le liquide est au point d'ébullition; l'excès de température au-dessus de ce point engendre immédiatement la vapeur, et, à mesure que la colonne monte et que la pression diminue, la production de vapeur augmente; bientôt, celle-ci triomphe de la masse d'eau et la projette dans les airs avec toute la violence dont elle est capable, en donnant le spectacle d'une série d'explosions. L'énergie de ces explosions dépend de l'abondance des eaux, de leur évaporation à la surface et des influences

---

(1) M. Robert Walker a trouvé, en 1874, un maximum de température de $259°,5$ Fahrenheit ($126°,5$ centigrades), à une profondeur de 20 mètres. Il se servit d'un thermomètre à déversement attaché à une corde graduée qu'il fit passer à travers un anneau fixé à une autre corde tendue au-dessus du bassin.

météorologiques : on a remarqué qu'elles sont plus belles après la pluie. Le continuel dépôt de la silice, si minime qu'il soit, doit opérer finalement un changement dans la relation de la colonne d'eau et de la chaleur émise par le sol. Du jour où le tube aura atteint une profondeur telle que la chaleur qui se dégage de la portion inférieure et le refroidissement de la surface se feront équilibre, la température de la masse d'eau ne pourra plus nulle part atteindre le point d'ébullition, grâce à l'accroissement de la pression, et le geyser aura perdu toute énergie éruptive. »

Imaginons une coupe du grand geyser conforme à la théorie de Forbes.

C représente le canal souterrain alimenté par une rivière voisine, dont les eaux, détournées par quelque fissure, cherchent à

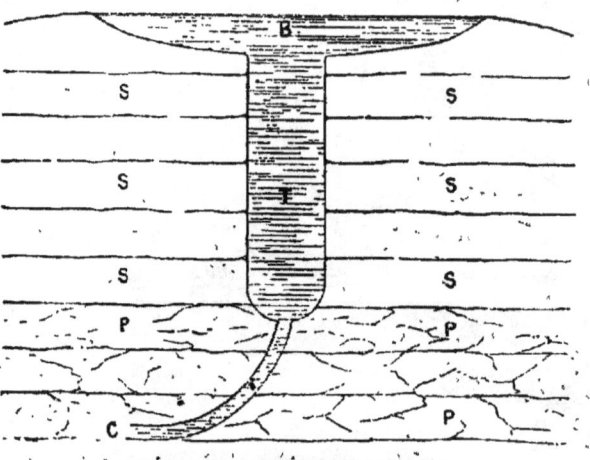

SCHÉMA DE LA THÉORIE DE FORBES.

regagner leur niveau par suite de la pression hydrostatique ; elles trouvent une issue à travers les couches de palagontie échauffées P, et alimentent la colonne d'eau du tube T que les dépôts siliceux S ont construit. L'eau entre dans le tube à une très haute température qu'elle a contractée dans le canal surchauffé ; mais c'est dans

Voici l'échelle des températures qu'il communiqua le 29 avril 1875 à la Société royale d'Edimbourg :

Profondeurs (pieds anglais).	Températures observées (Fahr.).
0	187°
10,5	190°
18	197°
27	211°
36	243°
39	247°
45	250°,5
49,5	254°
54	256°,5
58,5	254° ?
67,5	259°,5
77,5	257°

le tube qu'elle atteint la température maxima qui la fait jaillir dans les airs. La colonne est échauffée à la base par la masse de palagonite sur laquelle elle repose et, latéralement, par les dépôts siliceux. Le bassin B s'est creusé par suite de la chute répétée des colonnes d'eau que projette chaque éruption.

D'après cette théorie, le phénomène se passe entièrement dans le tube, et ce qui le prouve, c'est que la portion inférieure du tube ne prend souvent aucune part aux violentes commotions qui se manifestent dans la portion supérieure pendant les éruptions. Des pierres qu'on a laissé descendre jusqu'au fond du puits au moyen d'une corde n'ont pas été expulsées, tandis que celles qu'on a suspendues près de la surface ont été projetées à une grande hauteur. On a remarqué, en outre, que la masse d'eau qui déborde du bassin pendant une éruption correspond exactement à l'abaissement de

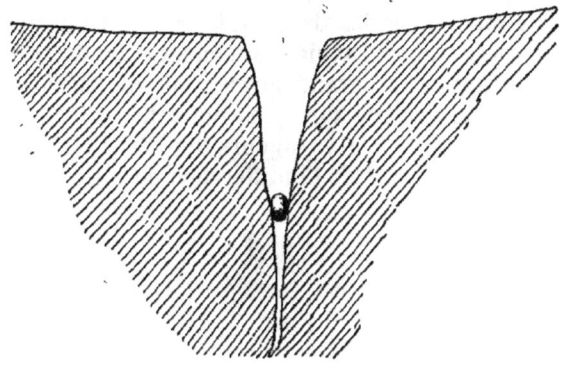

SCHÉMA DU TUBE DU STROKKR.

niveau qui se produit immédiatement après. Est-il besoin, en présence de ces faits, d'imaginer l'existence d'un réservoir souterrain?

Tyndall a, d'ailleurs, montré le mécanisme de ces « machines à vapeur naturelles » en construisant un petit geyser artificiel, un simple tube de fer galvanisé, long de deux mètres, surmonté d'un bassin : après avoir rempli son tube avec de l'eau, il le chauffa en dessous et vers le centre, et il vit l'eau s'élancer au dehors toutes les cinq minutes ; les détonations furent même reproduites, et il en conclut que le tube du geyser, soumis en certain point à l'action locale de roches très chaudes, cause lui-même ses éruptions.

Le mécanisme du Strokkr gît aussi dans son tube, et non dans une prétendue chambre souterraine. Le tube du Strokkr se rétrécit vers le milieu, comme le montre la coupe ci-dessus :

La vapeur se produit dans la portion étroite du puits, et, lorsque l'orifice se trouve obstrué par des mottes de terre, la partie inférieure du tube est soumise à une chaleur considérable, qui ne peut se communiquer à la partie supérieure ; la soudaine mise en liberté de la vapeur surchauffée triomphe dès lors de la pression et produit une éruption accompagnée de l'expulsion des obstacles accumulés à l'orifice. Bunsen observe que l'eau longtemps soumise à la chaleur perd une grande partie de l'air qu'elle renferme, que la cohésion de ses molécules s'accroît considérablement, et qu'elle n'entre en ébullition qu'à une température plus élevée ; quand l'ébullition a lieu, la production de vapeur est si grande et si instantanée, qu'une explosion s'ensuit. Tyndall a reproduit le phénomène de l'éruption artificielle du Strokkr en fermant l'ouverture de son tube avec un bouchon : la tension de la vapeur lança le bouchon dans les airs, et l'eau jaillit à dix mètres de hauteur.

Il ne serait pas impossible, dans l'état actuel de la science, de construire un grand geyser ou un Strokkr aussi grand que nature, et l'on peut s'étonner qu'on n'ait pas encore songé à offrir cet amusement aux promeneurs de nos parcs publics.

Dans l'humide vallée des Geysers, la tente est un vrai nid à rhumatismes. Aussi, après avoir vainement attendu pendant trois jours une éruption du grand geyser, je me décidai à lever le camp en enrichissant de quelques nouvelles épithètes peu flatteuses le vocabulaire des voyageurs dépités. Le Strokkr m'avait d'ailleurs à demi consolé de l'indifférence de son rival.

Jules LECLERQ.

FEMME ISLANDAISE.

www.ingramcontent.com/pod-product-compliance
Lightning Source LLC
Chambersburg PA
CBHW060600050426
42451CB00011B/2008